AF432859

Enán Burgos

5
NOTAS PARA UN ACORDEÓN

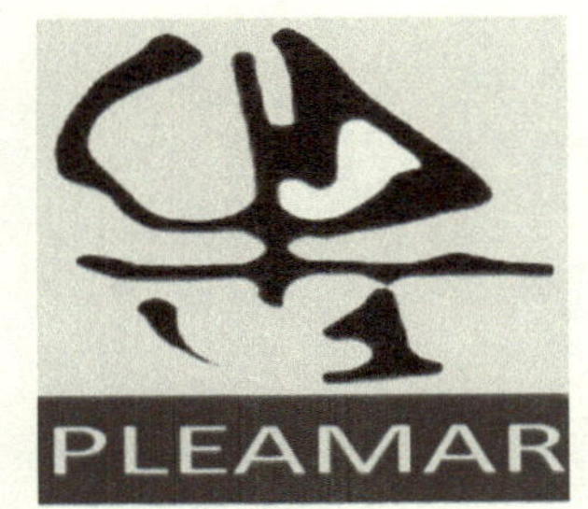

INTROITO

"En las primeras líneas de un libro leí: "El misterio del mundo consiste en que no tiene misterio". De dicha frase se puede concluir que toda exégesis, ya sea escrita en prosa o en verso, forma parte de la pura especulación humana. En cuanto a mis "5 notas para un acordeón", confirmo que no escapan a esa sentencia inicial. Es un poemario que carece de secretos, pero no de enredos, y es precisamente en esos enredos en los que aquí busco elucidar."

El primer nudo a desatar fue el hecho de traducir del francés al castellano el glorioso, pero desconocido, texto de Mallarmé: *"Pour un tombeau d'Anatole / Para una tumba de Anatole"*. Poema funerario que el poeta incubó durante varios meses, sin ninguna eclosión final. El sistema de notas que utilizó como base para la futura obra, que, tras la muerte de Mallarmé, terminó, afortunadamente para el bien de la poesía —al ser publicadas—, convirtiéndose en la "obra". Dicho texto me impresionó tanto que llegó a incitarme a explorar ese modo de escritura.

Para comenzar, lo primero que necesitaba era arrojar el ancla en el océano de un tema o vivencia excepcional. En el caso de Mallarmé, la lenta desaparición de Anatole, su hijito de ocho años. En mi caso, confieso que esas vivencias nunca las he padecido, pues he vivido una vida relativamente normal... ¡sin hijos! Entonces, ¿cómo diablos hacer para entrar de cuerpo y alma en el embrollo poético? Complicada ecuación... Aunque he recorrido mundos y poco veo televisión, fuera de ciertas querellas de alcoba, ebriedades estruendosas y eróticos disturbios, mi vida fascinante no tiene ni un pelo. Como dije anteriormente, es una vida normal, como la del presidente que nos gobierna actualmente. (De paso, valga la pena decir que la normalidad en Francia se ha puesto de moda y que la poesía y el arte no escapan a dicha norma).

El segundo nudo a desenredar: darle un título. ¡Vaya lío! "Cenizas de amor" fue la primera idea que me vino a la cabeza. (Dicho título, inicuo a más no poder, obedecía en realidad a la necesidad de asignar un nombre a la carpeta para archivarlo en el

ordenador). Lo cierto es que, bajo el auspicio de ese título, el poema
—por no decir el engendro— comenzó a romper el huevo y algunas
plumas le salieron, aunque las alas aún no se desplegaban. Los días
transcurrieron, y durante varias semanas permaneció dormido, pues
ciertos deberes forzosos me reclamaban. El tiempo pasó, la lluvia
llegó y con ella el invierno, mi estación preferida para armar marañas.
Apantuflado, abrí el archivo y me puse de nuevo a soltarle hilos al
enredo. Lo primero que hice fue cambiarle el título, pasando de
"Cenizas de amor" a "Germen" (quizás debido al engendro), palabra
que nos viene del latín y tiene varios significados, entre los cuales
retuve uno: "esbozo que da principio al desarrollo de un ser vivo". Y
en efecto, esta es, relativamente, mi visión del proceso creativo: en
vez de estar inventando o desatando hechos irreales, fantasmagóricos
y, en el peor de los casos, morales, sin caer en realismos excesivos,
dejar que el poema dicte su tono y, a partir de las notas recogidas,
hacer el tramado.

Bajo el auspicio del lema anterior, algunos temas superficiales se
perfilaban, los cuales fui descartando hasta sumergirme de pies y
cabeza en lo profundo. "¿Hondo?" Una palabra que me fue
resonando. ¿Por qué no ponerla de título? Y así fue, un nuevo
cambio surgió que me indujo a mirar hacia abajo. "Vista honda"
suena mejor. Pero con el nuevo cambio, el poema, como un barco
zozobrando, empezó a inclinarse, y el naufragio era inminente.
¡No y no! ¡La vida ya pesa tanto para ponerle más carga! Mira más
bien hacia arriba, por favor. Y precisamente, ¿a quién vi allá en lo
alto? ¡Al mismísimo Dios! ¿Y adivinen quién estaba a su lado? Mi
poeta preferido: ¡San Juan de la Cruz! Más atrás, hacia el fondo, con
su bastón de ciego y sus gafas oscuras: ¡Jorge Luis Borges! Lo que me
hizo pensar enseguida en Buenos Aires, su tango, Piazzolla y el
bandoneón, ese hermano menor del acordeón. También me suenan
los aires del legendario vallenato de la Costa Norte colombiana, que
algunos peritos han bautizado hoy como "Música de acordeón."

"Entonces, mientras en Montpellier todavía llovía, un
relámpago iluminó mi espíritu, y el título sufrió un cambio mayor,

pues mi alma tan holgada me pedía tibieza y no hielo: '5 notas para un acordeón'. ¡Y aquí sí que la fiesta se prendió! me dije, brincando de felicidad. ¡Pero atención! El objeto central de este poema no es el tango ni el vallenato, sino el puro acordeón, como instrumento musical, que con su fuelle es para mí una réplica perfecta del plexo solar: el órgano de la emoción."

En un breve ensayo que Roger Caillois dedicó a su amigo Borges, publicado en Francia por la editorial Fata Morgana, se encuentra escrito lo siguiente: "Crear es, para Dios, sacar algo de la nada; para el poeta, para el artista, es añadir algo al mundo [...] gracias a una manipulación apropiada, apoyándose en los sonidos, los colores, las formas o las palabras [...] El hombre es criatura y creador. La idea de Borges es que todo creador es la criatura de otro creador y que ninguna causa pretendida primera escapará a esta ley de recurrencia infinita." Si menciono este pasaje del libro, no lo hago para especular sobre la linealidad o la circularidad del tiempo o del proceso creativo, sino con la intención de atraer la atención del lector hacia el siguiente hecho: ningún autor, por genio que sea, es el dueño absoluto de su obra; lo que no implica, en el contexto del mundo mercantil en el que nos movemos, que el autor deba permanecer en total anonimato. Lo relevante aquí es la idea de que el cosmos ha existido siempre y que el creador se ocupa esencialmente de captar sus mensajes para ordenarlos, lo que explica mi intención de presentar el poema como notas. Este postulado también me sirve para justificar las diversas citas extraídas de la Biblia, de los poemas o canciones de Heráclito, San Juan de la Cruz, Juan Ramón Jiménez, Jorge Luis Borges, Rafael Escalona, Alejandro Durán, y también de los refranes populares que aparecen en el texto.

La presencia de la noción de "vidente" en la poesía no es nada nueva. Arthur Rimbaud la utilizó con mucho tino en sus *Lettres du voyant* (Cartas del vidente). En cuanto a mí, ya la había explorado en uno de mis anteriores poemarios, *Athaix Toix Pixel o el libro de los mensaje*

Antes de concluir este introito, que es poco escolástico y muy intrincado, y sin pedir indulgencias, considero necesario hacer una última aclaración sobre una de las palabras presentes en el título "5 notas para un acordeón". Me refiero a la palabra "notas". Como expliqué en un pasaje anterior, utilizo esta palabra en el sentido de tomar apuntes sobre algo que se debe recordar o de un mensaje breve escrito. También juego con su ambivalencia, es decir, su sentido como signo musical, lo que abre al lector múltiples posibilidades de interpretación. Esta segunda acepción se ve además reforzada por la palabra "acordeón", que, de forma inconsciente, rima con "cajón".

Pensando en el título y en las vueltas y revueltas que tuve que dar para desenredar ese ovillo, termino creyendo que Borges tenía razón. Después de tantos giros, mi título acabó siendo muy parecido al del poema fúnebre de Mallarmé, *Para una tumba de Anatole*, el cual, en realidad, no se lo puso él. ¿Y por qué 5 notas y no 7? Eso sí que es un secreto… A ti, lector, te dejo la tarea de descifrar el enigma. Te invito entonces a pasar esta página y a adentrarte de lleno en el laberinto del poema, sin olvidar, obviamente, utilizar como Teseo el famoso hilo de Ariadna para no perderte. Y ese hilo es la lengua.

Enán Burgos

"Por toda la hermosura
nunca yo me perderé
sino por un no sé que
que se alcanza por ventura."
Juan de la Cruz, *"Por toda la hermosura"*.

"Píntame una golondrina y te diré
Si eres un buen pintor
Debe de tené en el pico una espina
Y en los ojos un dolor (Bis)
Rafael Escalona, *"El arco iris"*.

en el principio

todo era goce

—

placer hasta

la saciedad

desnudez sin

pecado

mariposeando

—

vestida

llora anublada

— pierde lo bello —

sombra sobre

su cuerpo

— pierde la luz —

— punto inciso

— 0 gráfico del atrio

secretamente ubicado en

la intersección de 2 líneas

— engendro del 1

rueda la nada que bifurca

el tiempo

— 3 estrellas del acorde

— 4 voces del trio Amor

— pentagrama para ritos

del dolor

habiendo conducido

mal los dedos

de las cinco notas

graves

estridencias

—

melodía del arroyo

dulce y claro

(la Biblia cuenta que

el Creador separó luz

de tinieblas)

— creencia desde

entonces esparcida

—

Ser dividido

Dios que era bueno

hizo también las

carencias

Entonces acabados

los cielos y la tierra

— el deber podría

esperar que se

cumplan los derechos —

Y el oro de aquella

tierra es bueno

¿Qué le debemos a

ese destello?

— el bien y el mal —

espinos y cardos

no dichosos

nunca dejan de llorar

— *La serpiente me*

engañó y comí

— *Maldita será la*

tierra por tu causa

(ira de Jehová)

—

delicada obra

tener que procrear

—

soledad arrinconada

lamentos del acordeón

sobre la frente

la maldición

— ¡Penar! —

¡Qué afligida cara

pones, — Tú —

tendido sobre

otro cuerpo hecho

para el engendro y

asimismo para el amor!

—

suspirando la

suprema majestad

infeliz

obligado a

ser el

— Yo —

cuerpo súbita-

mente endeble

sin prevenir

el corazón va-

rado — un

nuevo corazón

— ¡da miedo! —

a pesar de su

brío — ¡desmayo! —

la sangre declara

ando enfangada

alba bastante nublada

el próximo tren

será endecasílabo

suponiendo que

acaso llegue

fijado en el hastío

— estoy —

diez de la mañana

— todo un gentío

lo esperaba —

que parece resignado

sin embargo

romanza de un adiós

—

Dicha que alguien

notó

— tuya y de frente

al fulgor —

brisa en su fuelle

—

impresa y pulcra

un instante

toda escueta en

su silencio

preñada por el ardor

floreció

— se fue —

(paseo)

su aventura

hacia el amor

Acordeón irreverente

infunde la miasma

— nunca enmudezcas —

fogoso y liado

—

canto color de

verano — ¿es acaso

lo que anhelas?

—

¡merengue

sin lloriqueo

ya ves bien

que si te amé!

(Bis)

en tus ojos de aljibe

hay un rumor

de oleaje

—

¡Acordeón pagano!

lágrimas

— Amor ido

— A veces fiel

— Adusto

y en constante

expedición

siempre presente

— Aunque huido

dejó su cielo

mano nocturna

infiel sobre

la astringida piel

— Amén

enfados

tantos gritos

no más iras —

en el rostro

tenue llanto

insultos y porfías

(nuestro lecho no

florido)

— me iré — dijo

fin de nuestro mundo

(humano)

—

—

la rutina quiso

que el asco en el

lecho (nuestro)

creciera —

yendo

sobre la seca

Hojarasca

pasos de prisa

— Hola —

me dicen

—

sufro solo

— ando —

algo me empuja

Hacia abismos

—

Huyendo suenan

mis Huesos

— trance —

Hablaba en ramas

el Hoy

llevándome

vago riesgo en un

desvío — piso

duro — talón

adolorido

—

retrocedo

— es lo único

que alcanzo —

párpados temerarios

¿Acaso ven la luna

encendidos?

—

fueron mundo

sondeaban el origen

—

vista cada día

menos nítida

— monstruoso —

sueño que aún

perdura

—

laberinto primero

cada deseo allí

encuentra hilo

madre llora

en Mí

(sé porque lo hace)

uno de sus hijos…

— reza —

con luz

le hablo — del

ocaso —

murmura

— ¡crucifijo!

yo en su regazo

dormido

— piedad —

(me llamo

Cristo)

— Retrato

carencia de sonrisas

hurgas silencios

— Tuyo

pero ajeno —

su rubí brilla

parece pulido

y sin embargo

— Ausente

aparecido cuando

el pincel vierte

rayos-caricias

— Siempre

su tez de rosa

se ha borrado

— Ido

¡nocTurnos!

empapados de TinTa

(Tramoya de oTro

sueño)

¡aTención!

— por fin

los ojos —

¡luciernagas!

visTa honda

(oscuridad)

lo negro

Trascienden

cuando abierTos

¡inTeriores!

Corazón herido

— perseveras —

no sanado

sangrientas horas

temores palpitantes

— balbuceando —

plañido de desvelos

—

en hora buena

marea de la linfa

— por las venas —

¡Apartaos que por

mi carne su sinfonía

llega!

quizá solo

— Isla —

voz contigua al

resuello

espejismo

vislumbro veleros idos

embarco en esta

página

— Cristal —

de súbito naufragio

—

fijo y amando

lo leve

en el cielo

de un beso

¡Revivo!

música de ultratumba

bailo en tu torbellino

todo en éxtasis

— ¡Oh notas

tan graves tan graves!

—

contigo jamás

dormido

—

ojos que el amor

vuelve estrellas

— polen místico —

eres llama

que alumbra

el arco de mi lira

—

sintiendo

muy en lo hondo

que el mar te arrulla

—

olas que en ti se

rompían

— deleite —

palabra

que da alegría

boca que aspira

a lo cierto —

enclavado en las

entrañas

lánguidamente

(parece mentira)

su eructo perdura

en lo hondo

—

poema tan

oloroso que recibe

de tripas lo sacro

—

Y Yéndolo leYendo

hasta sanar pudiera

de iras —

— melódico río —

en el fuelle del

acordeón

tu remoto aire

cruza rumoreando

— endulzas letargos

estrofa tras estrofa

— haciendo del desdeño

vientos

— hallo sosiego —

guacharaca de este

carrizo acarreando

cumbia dando

cariño

— hallo alegrías —

¿qué papel juega

Descartes

en todo eso?

— Él —

que urdió la vida

de pensamientos —

(letal)

"Aventurera"

por los Montes

de María

— "Flores"

del compositor

indagan por ella —

(se fue a buscar

otro amor)

¿lo encontró?

quizá sí quizá

— no —

(seguramente es

prostituta en

Cartagena hoy)

—

fuelle henchido

cuando vivo

— ritmo — y

el perpetuo taconeo

del corazón —

de noche sigue

suspirando

entonando

temblando

al fin sin aire

como pájaro

se posa

incorporado

al silencio

—

Viento

Venido de mágicas

manos — que son

Vías melodiosas —

en el ocaso

opuesto al apuro

ruiseñor de lunas

por el plexo Va

¿y la voz?

—

¿y tu pecho?

—

cadencia de los bajos

cosmogonía con

octavas

—

otro tono pide

el buche del caimán

lisonjero haciendo

sonar los huecos

en el desierto de sal

—

mecanismo y

hondo tono del

diatónico tocar

— Paseo —

(cuatro tiempos

de uno por tres

y a veces

de dos por uno)

—

nos cuenta el eco

memorias

de un pueblo

—

la voz de rostros

en los antros del

sopor

— *"La gota fría"* —

— 3 chismes también

de tus trinos

(luego piquería

para alegrar los malos

ratos que nos dejó

el vendaval)

+

— ron para dejar de

lado el encono

encendido caserío

cada gaLLo canta

en su gaLLera

—   agudo son

que el beRRido estreLLa

—

al fin de cuentas

—   boRRachera —

y merengue de unas

quereLLas mientras

muere el día

+

— Alicia mía

— Alicia fría

— Alicia dolor

+

12.12.2012 = 11

— nuevo ciclo —

(inolvidable canción)

FIN de un mundo

NO del mundo

— música — que

al oírla parranda

eterna sería llevando

039 trenes que la

embriaguez desvía

Re

La

Mi

Do

Mi

Sol

(me desnudo en silencio)

—

mientras gira el mundo

sentirse en mareas

idilio

saeta

mujer primavera

fragancia de ondas

¡qué lindo está el mar!

—

— Amistad —

Lorenzo & Emiliano

lo que tocaban

apareados fraguaba

la Unidad

— se desafiaban —

los dedos y los labios

temerarios

el incesante chillido

del ave de la orfandad

—

¡Altivos en la tarima

lúbricos en la penumbra!

Puya que deja

notas graves en la Piel

(enferma y Picada

por mosquitos

extremadamente malos)

—

¡chikunguña

aedes vector de agonías

Pulula en aguas Podridas

Pobre de mi Patria chica

de su Pueblo hoy encorvado

aPorreado por la fiebre

de esa Peste que da Palos

antes que todos exPiren

tal vez para aPaciguarlos

que el Sinú les dé su brisa

y el brebaje o el remedio

de su música tan clara!

—

(Bis)

quejoso por algún

motivo — agudo —

— en derecha mano

escalas del Nato Valle

— en izquierda

acordes de Sierra Nevada

(dependiendo del estado

de los pitos

parquedad

y humores

de los botones)

—

acordeón diatónico

—

a la derecha

5 columnas de botones

sirviendo para transporte

con tanto toque

desgaste de las

lengüetas que el turpial

vive afinando

—

penumbras del río Cesar

— *Nadie baja dos veces*

por las mismas aguas

(Heráclito)

— *El tiempo es circular*

(el pique de Borges)

— *El hombre gris*

a orillas del Red Cedar

—

— piano del pobre

dedos por una escala

de males

— notas de oro

que no son monedas

— vida para penar

muero sin poder

gozar

y tocándote no

muero cuando canto

lastimero

—

aunque menos afligido

¡el amor contigo quiero!

tibios son tus primores

colores dan a los cielos

— gloria eterna a quien

de ellos ¡se enamore! —

en ti respira mi pecho

mi palabra canta más

cuanto más tú la deleitas

(aquí el refrán es brioso)

de noche

luz de tus pitos

nadie hay que no la goce

claridad que ya venida

caudalosa abre los ojos

(aquí el refrán se repite)

—

aunque tus tonos subidos

por tu garbo siempre y

siempre vivir quiero

(Bis)

alejas todo recelo

romanza que aquí

perdura y hasta

el mismo Dios bailaba

— Él — que principio

no tiene

hijos suyos los mejores

exponentes

(por eso el pueblo

los quiere y siempre

los idolatra)

así la gloria del hijo

como lo dijo

San Juan de la +

es la gloria del Creador

¿Y el tedio?

¡oh, Señor, el tedio!

(desmaYo)

— LLeno de melancolía —

¡Y este fuego que

muere mojado por

LLoros !

Pero en tu compañía

la muerte imitando

a la tambora de esta

manera rugía

— ¡aY qué deleite la vida!

Yo de risa me moría —

(sin entrar

en piquerías)

fútiles tonos eléctricos

pretenden darle

a lo viejo

melodías nuevas

(creo que te vuelven

chillón, colérico y

espantoso)

—

a tu divino gozo

le ensordecen

el agrado

ajeno de estos ambages

prosigue con tus

venturas

¡qué el resto es ruido

no música!

al amante y a la amada

tu paseo los unía

— en un nudo muy

constante —

(tan íntimos y

embelesados

cuando tu pulsar crecía)

ruegan a Dios que los deje

eternamente pegados

¡mas no proscritos! —

—

al verlos bailar así

el Supremo allá en la gloria

arguyendo sus preceptos

a su diosa desvestía

¡qué duro yugo admirable!

Ese que sabe tocarte

irá siempre bien servido

con los cinco sentidos

bien finos —

Poca cosa le parece

el oro de las prebendas

en derroches su silueta

trascendiendo vence

el hambre —

¡Cuánto más de Padilla

se acerca cuánto más

el diablo le sale!

Así su flama gozosa

por esa región de hechizos

a las deidades ofrece

¡Qué Babilonia ni

qué pan caliente!

— me tocan una puya y

el tolete se me para

(hablaba yo así pasado

de tragos)

—

Que no me escuche Borges

y mucho menos los Borgianos

(porque así seré expulsado

del Olimpo reservado

a los poetas notables)

—

siento llorar a mi padre…

¡Ay de Cesar Vallejo!

siempre tan triste

tan triste —

¡Cristo en él resucitado!

—

Trilce que le dio la mano

lo invitó a bailar un tango

—

A su honda pena

le brotaron labios

besando perdió la voz

se le hinchó el silencio

—

(milonga en la oscuridad)

¡Palpitante voz!

— fluye la sangre

en caudales —

con la claridad hablaba

de la nublada verdad

(nada sabe de los cielos

sin embargo gimoteaba

mimando el orgasmo

de Dios)

derrama por sus

pezones el semen

de miel y luna

(Piazzolla lo fermentó

y muy de fiesta

le puso compás)

notas

para bailotear

vino

fuesen del aliento

de mi bogar por el mar

¿Y el Sol dónde está?

— ni rastro de Él

¡Que los tonos

del agua llovida no

apenen jamás tu luz!

—

Y tu rayo

alérgico a todo credo

olvide su desventura

Y se ponga a tararear

—

Y de madrugada

entre truenos

5 notas

que nunca claudican

— aunque a oscuras —

¡Confiadles tu voz!

Libros de Enán Burgos publicados por Pleamar:

Tal cual he sido. Novela autobigráfica.

Sin u ano con grajo o *El cancionero pagano,* Canciones.

En casa del susurro. Prosa y poesía.

Del cuerpo y sus eclipses. Poesía.

Del crepúsculo con toda suerte de pájaros. Poesía.

Antología del agua. Poesía.

Athaix toix pixel o *el libro de los mensajes.* Poesía.

Madre de agua. Teatro.

Pablo Escobar et les panthères noires. Francés, teatro.

Je n'est plus un autre. Francés, poesía.

K.O. Francés, teatro.

La femme escabeau. Francés, teatro.

Main dans la main. Francés, teatro.

Melting-pote. Francés, teatro.

Merci, théâtre ! Francés, teatro para niños.

Claraboya:

Coda, La symphonie des homophones. Francés, teatro.

Petricor / Petrichor. Poesía bilingüe.

0 a la izquierda si_ no fin / 0 à gauche si_ non fin. Poesía.

Barcelona, pan y vino. Poesía bilingüe;

El soliloquio de una pulga electrónica / Le soliloque d'une puce électronique. Teatro bilingüe.

Otros editores:

Nudité / Desnudez. Fata Morgana. Bilingüe, poesía.

Sable. Fata Morgana. Francés, poesía.

Mala sangre. Color Gang. Bilingüe, poesía.

Poésie libertine de chaussures. Color Gang y el Festival de Poesía "Voix Vives". Francés, poesía.

A l'aube du sacré. L'Harmattan. Francés, poesía.

La satire du pomodoro. Al Manar. Francés, sátira.

Les ahurissantes recettes de Clotilde de la Crise. La rumeur libre. Francés, teatro.

Lone goat forever. LansKine. Francés, teatro.

Oh rostro Oh belleza. La Cartonera, México. Bilingüe, poesía.

Tejido / Tissage. La Cartonera, Mexique. Bilingüe, poesía.

Jaguar silbato. La Cartonera, Mexique. Bilingüe, poesía.

5 hululuments solitaires pour saxofon alto. Fertile-plaine.

Une primera versión de
5 notas para un acordeón
fue publicada digitalmente
por Pleamar Digital
el 17 de noviembre de 2012
día de nubes trascendentales.
La presente edición
corregida anula la anterior.
Vio la luz el 9 de marzo de 2025
día de lluvia y viento.
Pleamar Ediciones
Isla Suspiros
Francia

100 ejemplares

www.ingramcontent.com/pod-product-compliance
Lightning Source LLC
Chambersburg PA
CBHW031132160726
47989CB00017B/2888